Werner Färber

Geschichten von der kleinen Katze

Illustrationen von Gertie Jaquet

Loewe

Die Deutsche Bibliothek – CIP-Einheitsaufnahme

Geschichten von der kleinen Katze / Werner Färber.
Ill.: Gertie Jaquet
– 1. Aufl. – Bindlach : Loewe, 1996
(Lirum Larum Lesemaus)
ISBN 3-7855-2850-7
NE: Färber, Werner; Jaquet, Gertie

Dieses Buch ist auf chlorfrei gebleichtem Papier gedruckt.

ISBN 3-7855-2850-7 – 1. Auflage 1996
© 1996 by Loewe Verlag GmbH, Bindlach
Umschlag: Gertie Jaquet
Satz: Leingärtner, Nabburg
Gesamtherstellung: New Interlitho Italia SPA
Printed in Italy

Jnhalt

Aus heiterem Himmel 8

Milchbart muß zum Tierarzt 16

Mama hat eine Jdee 22

Lästiger Besuch 31

Hund und Katz 40

Milchbart erkundet den Garten 48

Aus heiterem Himmel

Marie arbeitet im .

Sie hat ihr eigenes .

Jn Maries  wachsen ,  und .

Plötzlich legt Marie den  weg. Da bewegt sich etwas hinter der . Eine kleine !

Sie ist schwarz wie ein .

„Wie kommst du denn in unseren ?" fragt Marie.

Die kleine miaut leise.

Vorsichtig streckt Marie die nach ihr aus. Die Kleine  erschrickt und versteckt sich hinter der . Marie kniet im .

„Möchtest du  haben?" fragt sie. Die kleine  miaut noch einmal. Langsam steht Marie auf. „Lauf aber bitte nicht weg!" sagt sie zu der . Marie geht ins  und holt etwas .

Mit einer vollen  kommt sie in den  zurück. Die kleine schwarze  ist noch da.

Sie sitzt auf Maries  und spielt mit einer .

Marie stellt die  ins .

Die kleine schleicht sich an.

Sie schnuppert an der  .

Dann schlabbert sie mit ihrer

rosa  die ganze leer.

Ihre  sind von der ganz weiß geworden. Mama und Papa kommen in den . „Darf ich die  behalten?" fragt Marie. „Nur, wenn sie niemandem gehört", sagt Mama.

Dann krault sie die kleine  hinter den . Auch Papa ist einverstanden. Und weil die kleine schwarze mit ihren weißen so lustig aussieht, weiß Marie auch schon, wie sie heißen soll: Milchbart.

Milchbart muß zum Tierarzt

Milchbart muß zum .

Sie soll untersucht werden.

Mama legt ein  in ihren  hinein.

Marie setzt die Kleine  hinein.

Mit zwei  befestigt Mama ein  über dem , damit Milchbart nicht herausspringt.

Mama spannt den  auf ihr  und radelt los. Marie fährt mit ihrem  hinterher.

Neugierig streckt die kleine  den  unter dem  hervor.

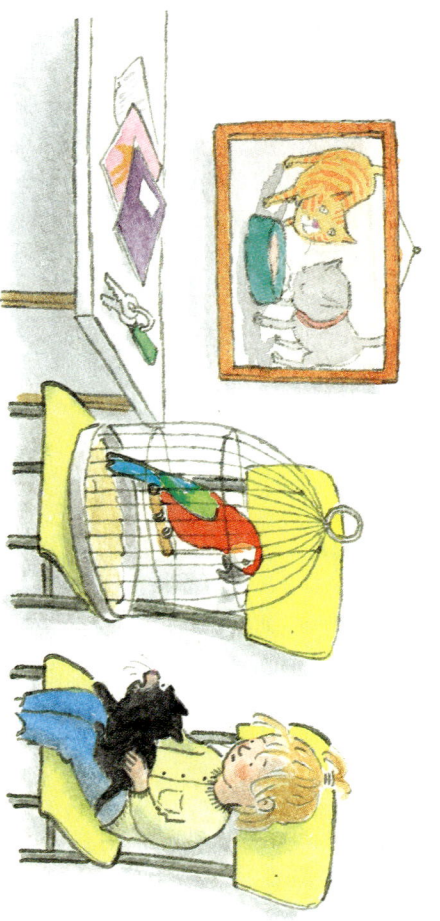

Beim müssen sie ein wenig warten. Jn einem sitzt ein bunter 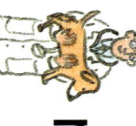. Milchbart faucht ihn erschrocken an. Marie geht mit Milchbart zu einem anderen 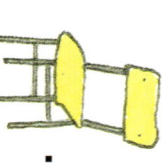.

Doch jetzt setzt sich ein
mit einem  neben sie.
Die kleine  wird unruhig.
Bestimmt denkt Milchbart,
der  sei eine .

Endlich dürfen sie zum hinein. Er untersucht Milchbart gründlich. Die Kleine 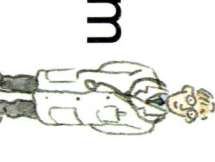 ist kerngesund. Damit das so bleibt, wird sie mit einer  geimpft. Der  macht das sehr geschickt. Milchbart hält ganz still. Marie ist froh. Jetzt darf sie die kleine  endgültig behalten.

Mama hat eine Idee

Heute morgen hat Milchbart auf den  gepinkelt. Mama hat die kleine  ausgeschimpft. Da hat sie sich unter dem versteckt. Mama hat einen geholt. Mit einem hat sie den geschrubbt.

Marie hat ihr dabei geholfen.

„Du mußt Milchbart beibringen, daß sie in den ⬛ oder ⬛ in die ⬛ unter der ⬛ pinkeln soll", sagt Mama.

"Wenn sie allein in den  könnte, müßte sie nicht mehr im  pinkeln", meint Marie.

"Da hast du recht, Marie!"

Mama überlegt kurz. Dann holt sie eine  und sägt einfach ein  in die 🟩. Verwundert schaut Marie zu, wie Mama ein paar 🔩🔩 in das 🟨 schraubt.

Endlich begreift sie, was Mama da macht. Sie baut eine , damit die Kleine  allein in den  gehen kann.

Jetzt muß Milchbart nur noch lernen, wozu die  da ist.

Marie bindet eine  an

einen  und geht hinaus.

Milchbart will mit in den .

Schnell macht Marie die

hinter sich zu. Enttäuscht bleibt

die kleine zurück.

Plötzlich rollt der 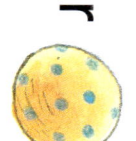 durch die  herein und bleibt direkt vor Milchbarts  liegen. Milchbart stupst den 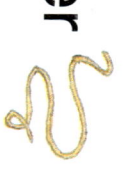 vorsichtig an. Marie zieht an der 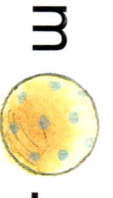 . Die Kleine folgt dem 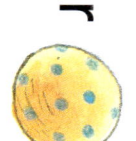 .

Er rollt auf die  zu. Die geht

auf, und der 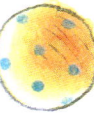 rollt hinaus.

Schwups, geht die  wieder zu.

Milchbart rennt dem  nach

und stößt sich den .

Das tut weh. Sofort verzieht sich die kleine unter das . Marie muß sie noch oft mit dem locken. Aber schließlich begreift Milchbart, wozu die  da ist.

Lästiger Besuch

Die kleine 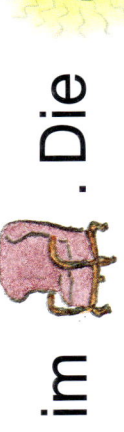 liegt schnurrend im . Die  scheint zum  herein. Wenn nur die lästige  nicht wäre. Dauernd brummt sie Milchbart um die . Plötzlich ist es still. Wo hat sich die  hingesetzt?

Die kleine 🐈 schaut sich suchend um. Aha, dort auf der 🛋 sitzt sie. Leise springt Milchbart auf den 🪑.

Das ist eigentlich verboten.

Aber wie soll sie sonst die  fangen? Doch die ist schon wieder weg. Jetzt hockt sie auf dem  an dem . Milchbart springt auf das .

Dabei rutscht das  leider herunter. Die  fällt vom . Sie zerspringt in tausend . Wenigstens fällt der  nicht herunter. Er kippt bloß um.

Der 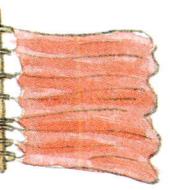 bleibt auch heil. Aber

die 🪰 ist schon wieder fort. Sie

sitzt auf dem roten 🚩

am 🪟. Sehr weit oben.

Die Kleine klettert mit ihren scharfen  an dem  hoch. Doch die  hat es gemerkt. Sie brummt zum offenen  hinaus. Die Kleine schaut ihr verdutzt hinterher. Dann zieht sie ihre  ein und läßt einfach den  los. Geschickt landet Milchbart auf den  .

Sie legt sich wieder in den 🪑.
Als Marie zur 🚪 hereinkommt,
springt Milchbart auf, um sie
zu begrüßen. Aber Marie sieht
die 🔹 und schimpft.

Mit gesenktem  verkriecht sich Milchbart unter dem  und schmollt. Sie wollte doch nur die lästige  verjagen.

Hund und Katz

Milchbart liegt auf der  .
Die kleine läßt sich von
der wärmen. Ein
zwitschert im . Aber das
kümmert Milchbart nicht. Sie hat
ihre geschlabbert und
ihren leer gefressen.

Dann hat sie ihr schwarzes geleckt. Und jetzt will sie sich ausruhen. Plötzlich spitzt die kleine  ihre und lauscht. Sie hat etwas gehört.

Blitzschnell hebt Milchbart den 🐈. Am 🚪 steht ein 🐕. Das ist Struppi aus dem 🏠 gegenüber.

Die kleine  hat noch nie

zuvor einen gesehen.

Neugierig kommt Struppi

zur , auf der die

liegt. Milchbart springt auf.

Der  kommt ihr gefährlich groß vor. Er wedelt mit dem .

Für eine  heißt das: „Paß bloß auf!" Woher soll Milchbart wissen, daß der  es freundlich meint?

Die kleine  🐾 hebt drohend

ihre 🐾. Struppi hebt auch

seine 🐾. Für einen  heißt

das: „Komm, laß uns spielen."

Zack, bekommt der Milchbarts  zu spüren.

Laut bellend rennt Struppi weg.
Er läuft über die  und verschwindet im  gegenüber.

Milchbart zeigt die  und

faucht Struppi hinterher. Wieder

einmal haben  und

einander nicht verstanden.

Milchbart erkundet den Garten

Marie sitzt am  und beobachtet Milchbart im . Die Kleine streicht durch das . Sie schnuppert an einem . Sie läuft zum  und schaut den  zu. Sie fischt mit der  nach ihnen.

„Hör auf, Milchbart!" ruft Marie.

Beinahe plumpst die kleine in den . Verwundert schüttelt sie die nasse . Aber schon tapst sie weiter zur .

Dort liegt eine  auf den warmen . Vorsichtig schleicht sich die Kleine an. Die  huscht davon.

Schade! Aber im  gibt es noch viel mehr zu entdecken.

Um Milchbarts  brummt eine . Ein  krabbelt im . Jm  sitzt ein und pickt nach den .

Dann flattert ein bunter  durch den . Milchbart tollt übermütig hinterher. Der  setzt sich auf die  im .

Tuch	Haus 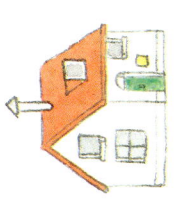
Fahrrad	Tasse 
Kopf	Zunge 
Käfig	Barthaare
Papagei	Ohren
Stuhl	Tierarzt
Junge	Kissen
Hamster	Korb
Maus	Wäscheklammern 

 Loch
 Säge
 Treppe
 Katzen-kiste
 Schwamm
 Eimer
 Sofa
 Teppich
Spritze

 Sonne
 Sessel
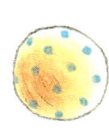 Pfoten
 Ball
 Schnur
 Klappe
 Holz
 Haken
 Tür

Blumentopf 	Fenster 
Vorhang 	Fliege 
Krallen 	Lampe 
Schrank 	Tisch 
Fußmatte	Kaktus
Vogel 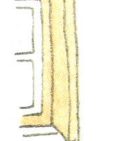	Fensterbrett 
Baum 	Tischtuch 
Freßnapf	Vase
Fell 	Scherben

Eintopf	36
Chili con carne	37
Kalbfleisch mit Oliven und Salzzitrone	38
Gebratenes Rindfleisch mit Sesam	39
Curry-Hühnchen	40
Thai-Schweinefleisch	41
Kalbs-Curry	42
Ente mit Süßkartoffeln	43
Schweinefleisch mit Ananas	44
Lammragout	45
Mangold mit Tomaten und Speck	46
Blumenkohl mit Ziegenkäse und Schinken	47
Rosenkohl mit Schinken	48
Kartoffeln mit Artischocken und Speck	49
Kartoffeln mit Speck und Eiern	50

GEMÜSE

Zucchini mit Kichererbsen	51
Pastinaken mit Sellerie und Zitrone	52
Quinoa mit Linsen und Spinat	53
Auberginen-Caponata	54
Gemüse-Curry	55
Erbsen mit Minze	56
Brokkoli mit Spinat und Cashew-Nüssen	57
Würziger Blumenkohl	58
Weiße Bohnen und Karotten mit Kümmel	59
Topinambur mit Champignons	60

SUPPEN

Lachs-Bouillon mit Tofu	61
Großmutters Suppe	62
Tomatensuppe	63
Erbsensuppe	64
Nudelsuppe mit Zucchini	65

SÜSSSPEISEN

Milchreis	66
Milchreis mit Kokos	67
Kandierte Äpfel	68
Pochierte Birnen mit Wein	69

Nudeln

Spaghetti mit Mini-Frikadellen

 In 5 Minuten vorbereitet

 **20 Minuten Kochzeit**

 Für 4 Personen

- Die Zwiebel in dünne Scheiben schneiden. Das Basilikum mit der Schere schneiden. Alle Zutaten in einen Topf geben, bis auf ein paar Blätter Basilikum und den Parmesan. 750 ml Wasser, 1 Teelöffel grobes Salz und 2 Prisen gemahlenen Pfeffer hinzugeben.
- 15 – 20 Minuten bei mittlerer Hitze kochen lassen und regelmäßig umrühren. Am Topfboden müssen 2 cm Flüssigkeit bleiben.
- 5 Minuten warten, umrühren und mit dem restlichen Basilikum und dem geriebenen Parmesan servieren.

Rinderhack
12 Frikadellen

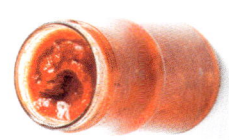

Zwiebel
x 1

Parmesan
1 Stück

Spaghetti
250 g

Tomatensauce
200 g

Basilikum
1 kleiner Strauß

Nudeln

Lachs-Farfalle mit Spinat

- In 10 Minuten vorbereitet
- **15 Minuten Kochzeit**
- **Für 4 Personen**

○ Die Zwiebel in feine Streifen schneiden. Alle Zutaten in den Topf geben.

○ 700 ml Wasser, 1 Teelöffel grobes Salz und 2 Prisen gemahlenen Pfeffer hinzugeben.

○ 15 – 20 Minuten bei mittlerer Hitze kochen lassen und regelmäßig umrühren. Am Topfboden müssen 2 cm Flüssigkeit bleiben.

○ 5 Minuten warten, umrühren und servieren.

Räucherlachs
200 g

Zwiebel
x 1

Farfalle
250 g

Crème fraîche
200 g

Blattspinat
150 g

Nudeln

Fusilli mit Tomatenpesto

- In 10 Minuten vorbereitet
- 15 Minuten Kochzeit
- Für 4 Personen

○ Die Zwiebel in dünne Scheiben, die Zucchini in Würfel schneiden. Alle Zutaten in den Topf geben.

○ 750 ml Wasser, 1 Teelöffel grobes Salz und 2 Prisen gemahlenen Pfeffer hinzugeben.

○ 15 – 20 Minuten bei mittlerer Hitze kochen lassen und regelmäßig umrühren. Am Topfboden müssen 2 cm Flüssigkeit bleiben.

○ 5 Minuten warten, umrühren und servieren.

Fusilli
250 g

Pesto
100 g

Zwiebel
x 1

Zucchini
x 1

Kirschtomaten
200 g

Nudeln

Fusilli mit Champignons und Nüssen

- ✎ **In 10 Minuten vorbereitet**
- 🍲 **15 Minuten Kochzeit**
- 😊 **Für 4 Personen**

○ Die Champignons vierteln, den Gorgonzola in große Stücke schneiden. Die Zwiebel in feine Streifen schneiden. Alle Zutaten in einen Topf geben.

○ 750 ml Wasser und 1 Teelöffel Salz hinzugeben.

○ 15 – 20 Minuten bei mittlerer Hitze kochen lassen und regelmäßig umrühren. Am Topfboden müssen 2 cm Flüssigkeit bleiben.

○ 5 Minuten warten, umrühren und servieren.

Fusilli
250 g

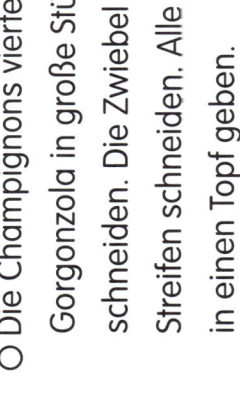

Champignons
250 g

Gorgonzola
200 g

Walnusskerne
100 g

Zwiebel
x 1

Nudeln

Nudeln mit Ziegenkäse und Olivenpaste

 **In 5 Minuten vorbereitet**

 **20 Minuten Kochzeit**

 Für 4 Personen

- Die Zwiebel in feine Scheiben schneiden. Alle Zutaten in einen Topf geben.
- 750 ml Wasser, 1 Teelöffel grobes Salz und 2 Prisen gemahlenen Pfeffer hinzugeben.
- 15 – 20 Minuten bei mittlerer Hitze kochen lassen und regelmäßig umrühren. Am Topfboden müssen 2 cm Flüssigkeit bleiben.
- 5 Minuten warten, umrühren und servieren.

Pipe Rigate
250 g

Olivenpaste
2 Esslöffel

Ziegenfrischkäse
120 g

Zwiebel
x 1

Thymian
4 Zweige

Nudeln

Linguine mit Tomaten und Basilikum

- In 10 Minuten vorbereitet
- **15 Minuten Kochzeit**
- Für 4 Personen

○ Die Kirschtomaten halbieren, den Knoblauch in feine Scheiben schneiden, das Basilikum mit der Schere schneiden. Alle Zutaten in einen Topf geben.

○ 1 l Wasser und 1 Teelöffel grobes Salz hinzugeben.

○ 15 – 20 Minuten bei mittlerer Hitze kochen lassen und regelmäßig umrühren. Am Topfboden müssen 2 cm Flüssigkeit bleiben.

○ 5 Minuten warten, umrühren und servieren.

Kirschtomaten
500 g

Linguine
350 g

Olivenöl
4 Esslöffel

Knoblauch
2 Zehen

Paprikapulver
1 Teelöffel

Basilikum
10 große Blätter

Nudeln

Nudeln mit Schinken und Käse

 In 5 Minuten vorbereitet

 **20 Minuten Kochzeit**

 Für 4 Personen

○ Den Schinken in kleine Stücke schneiden.

○ Alle Zutaten in einen Topf geben, bis auf den geriebenen Comté-Käse.

○ 750 ml Wasser, 1 Teelöffel grobes Salz und 2 Prisen gemahlenen Pfeffer hinzugeben.

○ 15 – 20 Minuten bei mittlerer Hitze kochen lassen und regelmäßig umrühren. Am Topfboden müssen 2 cm Flüssigkeit bleiben.

○ 5 Minuten warten, den geriebenen Comté-Käse hinzugeben, umrühren und servieren.

Mascarpone
200 ml

geraspelter Comté-Käse
50 g

Tagliatelle
250 g

gekochter Schinken
150 g

Muskatpulver
1 Teelöffel

Nudeln

Penne mit Speck und Zwiebeln

- In 10 Minuten vorbereitet
- 15 Minuten Kochzeit
- Für 4 Personen

○ Die Zwiebel in dünne Scheiben schneiden, den Schnittlauch mit der Schere schneiden. Alle Zutaten in einen Topf geben.

○ 1 l Wasser und 1 Teelöffel grobes Salz hinzugeben.

○ 15 – 20 Minuten bei mittlerer Hitze kochen lassen und regelmäßig umrühren. Am Topfboden müssen 2 cm Flüssigkeit bleiben.

○ 5 Minuten warten, umrühren und servieren.

Penne
350 g

Räucherspeck
200 g

Zwiebel
x 1

Schnittlauch
1 kleiner Bund

Crème fraîche
300 g

Nudeln mit Tomaten und Schinken

Nudeln

✏️ In 10 Minuten vorbereitet

🍲 15 Minuten Kochzeit

😊 Für 4 Personen

Orechiette
250 g

Kirschtomaten
200 g

Schinken
100 g

Mozzarella
100 g

Olivenöl
2 Esslöffel

Basilikum
1 kleiner Bund

○ Den Schinken und den Mozzarella in Stücke schneiden. Das Basilikum mit der Schere schneiden. Alle Zutaten in einen Topf geben, bis auf den Mozzarella. Die Hälfte des Basilikums zurückbehalten.

○ 1 l Wasser, 1 Teelöffel grobes Salz und 2 Prisen gemahlenen Pfeffer hinzugeben. 15 – 20 Minuten bei mittlerer Hitze kochen lassen und regelmäßig umrühren. Am Topfboden müssen 2 cm Flüssigkeit bleiben.

○ Die Mozzarellastücke hinzugeben, umrühren und mit dem restlichen gezupften Basilikum servieren.

Nudeln

Linguine mit Thunfisch und Artischocken

🔪 **In 5 Minuten vorbereitet**

🍲 **20 Minuten Kochzeit**

😊 **Für 4 Personen**

○ Die Artischockenböden in Viertel schneiden. Das Basilikum mit der Schere schneiden und die Zwiebel in feine Streifen schneiden. Alle Zutaten in einen Topf geben, bis auf den Parmesan und die Hälfte des Basilikums.

○ 750 ml Wasser, 1 Teelöffel grobes Salz und 2 Prisen Pfeffer hinzugeben. 15 – 20 Minuten bei mittlerer Hitze kochen lassen und regelmäßig umrühren. Am Topfboden müssen 2 cm Flüssigkeit bleiben.

○ 5 Minuten warten, umrühren und mit dem geriebenen Parmesan und dem geschnittenen Basilikum servieren.

Linguine
250 g

Artischockenböden
300 g

Basilikum
1 kleiner Bund

geriebener Parmesan
1 Stück

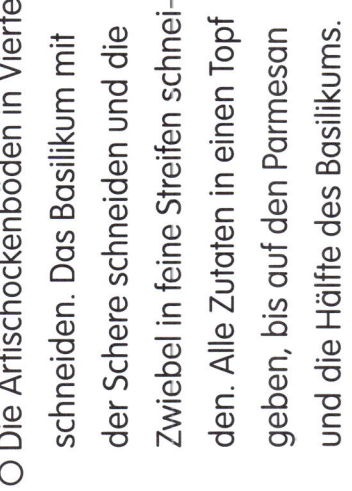

Thunfisch in Olivenöl
200 g

Zwiebel
x 1

Nudeln

Farfalle mit Champignons und Blauschimmelkäse

- In 10 Minuten vorbereitet
- 15 Minuten Kochzeit
- Für 4 Personen

○ Die Champignons vierteln. Alle Zutaten in einen Topf geben.

○ 750 ml Wasser, 1 Teelöffel grobes Salz und 2 Prisen gemahlenen Pfeffer hinzugeben.

○ 15 – 20 Minuten bei mittlerer Hitze kochen lassen und regelmäßig umrühren. Am Topfboden müssen 2 cm Flüssigkeit bleiben.

○ 5 Minuten warten, umrühren und servieren.

Farfalle
250 g

Champignons
350 g

Räucherspeck
100 g

Rosmarin
2 Zweige

Blauschimmelkäse
65 g

Nudeln

Nudeln mit Thunfisch, Kapern und Zitrone

✎ **In 10 Minuten vorbereitet**

🍳 **15 Minuten Kochzeit**

☺ **Für 4 Personen**

○ Die Kapern abtropfen lassen. Zesten von der Zitrone schaben, dann den Saft auspressen. Die Knoblauchzehen schälen und pressen.

○ Alle Zutaten in einen Topf geben und die Hälfte der Zitronenzesten zurückbehalten (auch das Öl der Thunfischfilets dazugeben)

○ 1 l Wasser und 2 Prisen gemahlenen Pfeffer hinzugeben. 15 – 20 Minuten bei mittlerer Hitze kochen lassen und regelmäßig umrühren. Am Topfboden müssen 2 cm Flüssigkeit bleiben.

○ Mit den restlichen Zitronenzesten servieren.

Orechiette
350 g

Thunfisch in Olivenöl
300 g

Kapern
100 g

gelbe Zitrone
x1

Knoblauch
2 Zehen

Nudeln

Nudeln mit Zucchini und Minze

In 10 Minuten vorbereitet

15 Minuten Kochzeit

Für 4 Personen

○ Die Zucchini in feine Streifen schneiden, die Minze mit der Schere schneiden und die Zwiebel in feine Scheiben schneiden.

○ Alle Zutaten in einen Topf geben. Die Hälfte der Minze zurückbehalten. 750 ml Wasser, 1 Teelöffel grobes Salz und 2 Prisen gemahlenen Pfeffer hinzugeben. 15 – 20 Minuten bei mittlerer Hitze kochen lassen und dabei umrühren. Am Topfboden müssen 2 cm Flüssigkeit bleiben.

○ 5 Minuten warten, umrühren und mit der restlichen gezupften Minze servieren.

Minze
8 Zweige

Zwiebel
x 1

Zucchini
x 2

Spaghetti
250 g

Olivenöl
4 Esslöffel

Nudeln

Fusilli mit Roquefort-Käse

 In 10 Minuten vorbereitet

 15 Minuten Kochzeit

 Für 4 Personen

○ Die Zwiebel in feine Scheiben schneiden, die Petersilie mit der Schere schneiden. Alle Zutaten in einen Topf geben. Etwas Petersilie zurückbehalten.

○ 750 ml Wasser, 1 Teelöffel Salz und 2 Prisen gemahlenen Pfeffer hinzugeben.

○ 15 Minuten bei mittlerer Hitze kochen lassen und regelmäßig umrühren. Am Topfboden müssen 2 cm Flüssigkeit bleiben.

○ 5 Minuten warten, umrühren und mit der restlichen geschnittenen Petersilie servieren.

Fusilli
250 g

Roquefort-Käse
100 g

Mascarpone
125 g

Petersilie
1 kleiner Bund

Zwiebel
x 1

Nudeln

Nudeln mit Thunfisch und Tomaten

 **In 15 Minuten vorbereitet**

 **20 Minuten Kochzeit**

 Für 4 Personen

- Die Zwiebel in feine Scheiben schneiden, das Basilikum mit der Schere schneiden. Alle Zutaten in einen Topf geben. Ein paar Blätter Basilikum zurückbehalten.
- 750 ml Wasser, 1 Teelöffel Salz und 2 Prisen gemahlenen Pfeffer hinzugeben.
- 15 – 20 Minuten bei mittlerer Hitze kochen lassen und regelmäßig umrühren. Am Topfboden müssen 2 cm Flüssigkeit bleiben.
- 5 Minuten warten, umrühren und mit dem restlichen gezupften Basilikum servieren.

Tomatenpüree
250 g

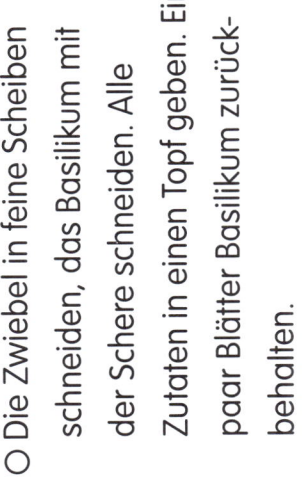

Zwiebel
×1

Pipe Rigate
250 g

Thunfisch in Olivenöl
300 g

Basilikum
12 Blätter

Reis und Getreide

Linsen mit Würstchen

✎ **In 5 Minuten vorbereitet**

🍲 **40 Minuten Kochzeit**

☺ **Für 4 Personen**

○ Die Zwiebel in dünne Scheiben schneiden. Alle Zutaten in einen Topf geben.

○ 750 ml Wasser, 1 Teelöffel grobes Salz und 2 Prisen gemahlenen Pfeffer hinzugeben.

○ 40 Minuten bei mittlerer Hitze zugedeckt kochen lassen.

grüne Linsen
350 g

Räucherspeck
200 g

grobe geräucherte Würstchen
x 2

Zwiebel
x 1

Knoblauch
2 Zehen

Lorbeer
2 Blätter

Reis und Getreide

Reis mit Hühnchen und Erdnüssen

- In 5 Minuten vorbereitet
- 20 Minuten Kochzeit
- Für 4 Personen

○ Den Reis spülen und abtropfen lassen. Das Huhn in Stücke schneiden. Die Zwiebel in feine Scheiben schneiden und den Koriander mit der Schere schneiden. Alle Zutaten in einen Topf geben. Die Hälfte des Korianders zurückbehalten.

○ 750 ml Wasser, 1 Teelöffel grobes Salz und 2 Prisen gemahlenen Pfeffer hinzugeben.

○ 15 – 20 Minuten bei mittlerer Hitze zugedeckt kochen lassen. Es darf keine Flüssigkeit am Topfboden bleiben.

○ Mit dem restlichen geschnittenen Koriander servieren.

Thai-Reis
250 g

Hühnchen
2 Filets (400 g)

rote Paprika
x 1

Koriander
1 kleiner Bund

Erdnussbutter
150 g

Cayenne-Pfeffer
1 Teelöffel

Reis und Getreide

Reis mit Miesmuscheln

 **In 5 Minuten vorbereitet**

 20 Minuten Kochzeit

 Für 4 Personen

○ Die Schalotte in feine Scheiben schneiden. Die Petersilie mit einer Schere schneiden. Die Butter in einem Topf erhitzen. Den Reis und die Schalotte hinzufügen und für 3 Minuten kochen lassen, dabei mit einem Löffel umrühren.

○ Die Miesmuscheln, die Hälfte der Petersilie, den Weißwein, 500 ml Wasser, 1 Teelöffel Salz und 2 Prisen gemahlenen Pfeffer hinzugeben.

○ Zugedeckt 20 Minuten sieden lassen: Es darf keine Flüssigkeit am Topfboden bleiben. Mit der restlichen geschnittenen Petersilie servieren.

tiefgekühlte Miesmuscheln
250 g

Petersilie
1 kleiner Bund

Butter
1 nussgroßes Stück

Thai-Reis
250 g

Schalotte
x 1

Weißwein
200 ml

Reis und Getreide

Reis mit Hühnchen und Senf

✎ **In 5 Minuten vorbereitet**

🍲 **40 Minuten Kochzeit**

☺ **Für 4 Personen**

○ Die Zwiebel in feine Scheiben schneiden. Das Öl in einem Topf bei mittlerer Hitze erhitzen. Die Hühnchenschenkel und die Zwiebel hinzugeben. 5 Minuten unter Rühren kochen lassen.

○ Den Reis hinzufügen und 1 Minute umrühren.

○ Den Senf, die Sahne, 1 Teelöffel Salz, 2 Prisen gemahlenen Pfeffer und 300 ml Wasser hinzufügen. Umrühren und ca. 20 Minuten kochen lassen.

○ Vom Ofen nehmen, umrühren und 10 Minuten zugedeckt ruhen lassen.

Thai-Reis
150 g

Olivenöl
1 Esslöffel

Sahne
100 g

Hühnchen
2 Schenkel (500 g)

Senf
2 Esslöffel

Zwiebel
x 1

Reis und Getreide

Risotto mit Jakobsmuscheln

 In 10 Minuten vorbereitet

20 Minuten Kochzeit

Für 4 Personen

○ Die Schalotte in feine Streifen schneiden. Die Butter in einem Schmortopf schmelzen.

○ Den Reis und die Schalotte hinzufügen. 3 Minuten lang umrühren.

○ Die anderen Zutaten, 1 Teelöffel grobes Salz, 2 Prisen gemahlenen Pfeffer und 700 ml Wasser hinzufügen.

○ 20 Minuten ziehen lassen und regelmäßig umrühren.

tiefgekühlte Jakobsmuscheln
250 g

Butter
1 nussgroßes Stück

Geflügelbrühe
1 Würfel

Risottoreis (Arborio)
300 g

Schalotte
x 1

Weißwein
100 ml

Reis und Getreide

Risotto mit Champignons

🔪 **In 5 Minuten vorbereitet**

🍲 **20 Minuten Kochzeit**

☺ **Für 4 Personen**

- ○ Das Öl in einem Schmortopf erhitzen.
- ○ Den Reis hinzufügen. 3 Minuten lang umrühren.
- ○ Die anderen Zutaten (bis auf den Parmesan), 1 Teelöffel grobes Salz, 2 Prisen gemahlenen Pfeffer und 700 ml Wasser hinzufügen.
- ○ 20 Minuten ziehen lassen und regelmäßig umrühren.
- ○ Mit geriebenem Parmesan servieren.

Risottoreis (Arborio)
300 g

getrocknete Steinpilze
20 g

Olivenöl
2 Esslöffel

Weißwein
100 ml

Geflügelbrühe
1 Würfel

geriebener Parmesan
1 Stück

Reis und Getreide

Risotto mit Shrimps

- In 10 Minuten vorbereitet
- 15 Minuten Kochzeit
- Für 4 Personen

○ Den Spargel schälen und in Stücke schneiden.

○ Die Butter in einem Topf erhitzen. Den Reis hinzufügen und unter ständigem Rühren für 3 Minuten kochen.

○ Den Weißwein hinzufügen. Umrühren.

○ Die Shrimps, den Spargel, den Brühwürfel, 1 Teelöffel Salz und 700 ml Wasser hinzugeben.

○ 15 Minuten kochen lassen und regelmäßig umrühren.

geschälte Shrimps
200 g

Weißwein
100 ml

Gemüsebrühe
1 Würfel

Risottoreis (Arborio)
300 g

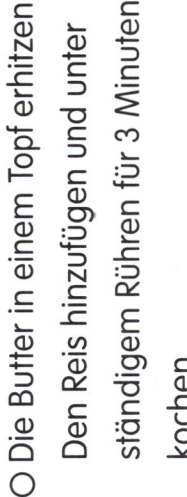

grüner Spargel
300 g

Butter
1 nussgroßes Stück

Reis und Getreide

Quinoa mit Tomaten und Bohnen

✏️ **In 5 Minuten vorbereitet**

🍲 **25 Minuten Kochzeit**

🙂 **Für 4 Personen**

○ Die roten Bohnen spülen und abtropfen lassen. Den Koriander mit einer Schere schneiden. Die Frühlingszwiebeln in feine Streifen schneiden.

○ Alle Zutaten in einen Topf geben und die Hälfte des Korianders zurückbehalten. 400 ml Wasser, 1 Teelöffel Salz und 2 Prisen gemahlenen Pfeffer hinzugeben. 25 Minuten zugedeckt bei mittlerer Hitze kochen lassen und regelmäßig umrühren.

○ Mit dem restlichen Koriander servieren.

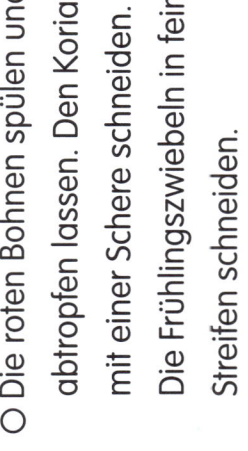

Tomatenpüree
400 g

Frühlingszwiebeln
x 2

Quinoa
250 g

rote Bohnen
400 g

Koriander
1 kleiner Bund

Reis und Getreide

Bulgur mit Kürbis und Blauschimmelkäse

🔪 **In 10 Minuten vorbereitet**

🍲 **20 Minuten Kochzeit**

🙂 **Für 4 Personen**

○ Den Kürbis schälen und in Würfel schneiden. Die Zwiebel in feine Streifen schneiden. Alle Zutaten in einen Topf geben.

○ 500 ml Wasser, 1 Teelöffel Salz und 2 Prisen gemahlenen Pfeffer hinzugeben.

○ 20 Minuten bei mittlerer Hitze kochen lassen und regelmäßig umrühren.

Kürbis
600 g

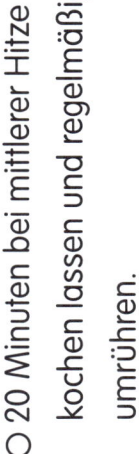

Bulgur
150 g

Zwiebel
x 1

Blauschimmelkäse
65 g

Kochsahne
200 ml

Reis und Getreide

Weizen mit Speck und Lauch

- In 5 Minuten vorbereitet
- 20 Minuten Kochzeit
- Für 4 Personen

○ Den Lauch waschen und in feine Streifen schneiden. Die Petersilie mit einer Schere schneiden. Alle Zutaten in einen Topf geben.

○ 500 ml Wasser, 1 Teelöffel Salz und 2 Prisen gemahlenen Pfeffer hinzugeben.

○ 20 Minuten bei mittlerer Hitze kochen lassen und regelmäßig umrühren.

vorgekochter Weizen
250 g

Speck
100 g

Gemüsebrühe
1 Würfel

Lauch
x 1

Kochsahne
200 ml

Petersilie
1 kleiner Bund

Reis und Getreide

Korallenlinsen mit Kokos

🔪 **In 5 Minuten vorbereitet**

🍲 **20 Minuten Kochzeit**

🙂 **Für 4 Personen**

○ Die Kartoffeln schälen und in Würfel schneiden. Den Knoblauch in feine Streifen schneiden.

○ Alle Zutaten in einen Topf geben.

○ 1 l Wasser, 1 Teelöffel Salz und 2 Prisen gemahlenen Pfeffer hinzugeben.

○ 20 Minuten bei mittlerer Hitze kochen lassen und regelmäßig umrühren.

Kartoffeln
300 g

Korallenlinsen
300 g

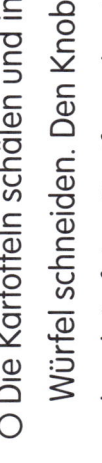

Knoblauch
1 Zehe

Kokosmilch
400 ml

indische Gewürze
1 Esslöffel

Tomatenmark
50 g

Fisch

Gambas mit Tomaten

 **In 10 Minuten vorbereitet**

 **20 Minuten Kochzeit**

 Für 4 Personen

○ Die Schalotte in feine Streifen schneiden. Die Petersilie hacken. Etwas Öl in einem Schmortopf erhitzen und die tiefgefrorenen Gambas und die Schalotten hinzufügen. 5 Minuten kochen lassen und regelmäßig umrühren.

○ Den Cognac hinzufügen (gegebenenfalls flambieren), ebenso die Tomaten, 1 Teelöffel Salz, 2 Prisen Pfeffer und die Hälfte der Petersilie.

○ 20 Minuten unter Umrühren bei mittlerer Hitze kochen lassen.

○ Die Crème fraîche hinzugeben, mischen und mit der restlichen Petersilie servieren.

tiefgekühlte Gambas
400 g

Schalotten
x 2

Tomatenpüree
400 g

Crème fraîche
2 Esslöffel

Cognac
50 ml

Petersilie
1 kleiner Bund

Fisch

Dorsch mit Tomaten

- In 5 Minuten vorbereitet
- 20 Minuten Kochzeit
- Für 4 Personen

○ Den Knoblauch hacken. Das Tomatenpüree, den Safran, den Thymian, das Olivenöl und den Knoblauch in einen Schmortopf geben.

○ 1 Teelöffel Salz und 2 Prisen gemahlenen Pfeffer hinzugeben und dann verrühren.

○ Die Dorschfilets auf die Mischung legen. 20 Minuten zugedeckt bei mittlerer Hitze schmoren lassen.

Tomatenpüree
400 g

Dorschfilets
300 g

Safran
1 Döschen

Knoblauch
2 Zehen

Thymian
4 Stiele

Olivenöl
2 Esslöffel

Fisch

Makrele mit Thymian

 **In 5 Minuten vorbereitet**

 20 Minuten Kochzeit

 Für 4 Personen

○ Die Makrelen beim Fischhändler ausnehmen lassen. Die Zwiebel in feine Streifen schneiden. Das Olivenöl in einem Schmortopf erhitzen.

○ Die Zwiebeln und den Thymian hinzugeben, 5 Minuten kochen lassen und regelmäßig umrühren.

○ 1 Teelöffel Salz, 2 Prisen gemahlenen Pfeffer, 200 ml Wasser hinzugeben und dann die Makrelen darauflegen.

○ 15 Minuten zugedeckt bei schwacher Hitze schmoren lassen.

Thymian
4 Stiele

Zwiebeln
x 2

frische Makrelen
x 4

Olivenöl
4 Esslöffel

Linguine mit Sardinen und Feta-Käse

Fisch

✏️ **In 5 Minuten vorbereitet**

🍲 **20 Minuten Kochzeit**

🙂 **Für 4 Personen**

- Den Feta-Käse in kleine Würfel schneiden. Die Zwiebel in feine Streifen schneiden. Alle Zutaten in einen Topf geben.
- 750 ml Wasser und 1 Teelöffel grobes Salz hinzugeben.
- 15 – 20 Minuten bei mittlerer Hitze kochen lassen und regelmäßig umrühren. Am Topfboden müssen 2 cm Flüssigkeit bleiben.
- 5 Minuten warten, umrühren und servieren.

Sardinen in Olivenöl
120 g

Zwiebel
x 1

Linguine
250 g

Feta-Käse
200 g

Paprikapulver
1 Teelöffel

Fisch

Thai-Lachs

 In 10 Minuten vorbereitet

 **15 Minuten Kochzeit**

 Für 2 Personen

○ Die Nudeln 10 Minuten in kaltem Wasser einweichen. Den Ingwer in feine Streifen schneiden und hacken. Zitrone auspressen. Den Koriander mit einer Schere schneiden.

○ Die Kokosmilch, den Ingwer, eine Prise Salz, die Hälfte des Zitronensafts, die Hälfte des Korianders, 200 ml Wasser und die abgetropften Nudeln in einen Topf geben. Zum Kochen bringen.

○ Vom Herd nehmen und den Lachs hinzufügen. 10 Minuten zudecken. Mit dem restlichen Zitronensaft und dem restlichen Koriander servieren.

Lachsfilets
x 2

Ingwer
10 g

Koriander
1 kleiner Bund

Thai-Reisnudeln
200 g

Kokosmilch
200 ml

grüne Zitrone
x 1

Fleisch

Quinoa mit Würstchen und Äpfeln

 **In 5 Minuten vorbereitet**

 30 Minuten Kochzeit

 Für 4 Personen

○ Die Würstchen in Scheiben schneiden. Die Äpfel vierteln und das Kerngehäuse entfernen. Die Schalotte in feine Streifen schneiden.

○ Alle Zutaten in einen Topf geben.

○ 700 ml Wasser, 1 Teelöffel Salz und 2 Prisen gemahlenen Pfeffer hinzugeben.

○ 30 Minuten zugedeckt bei mittlerer Hitze kochen lassen und regelmäßig umrühren.

Quinoa
250 g

Räucherwürstchen
200 g

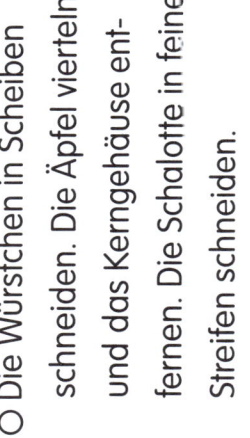

Salbei
8 Blätter

Äpfel
x 2

Schalotte
x 1

Fleisch

Rindfleisch mit Karotten

 In 15 Minuten vorbereitet

 **1 Stunde Kochzeit**

 Für 4 Personen

○ Die Karotten schälen und der Länge nach vierteln. Die Zwiebel in feine Scheiben schneiden.

○ Den Speck, die Zwiebel und das Rindfleisch in einem Schmortopf 3 Minuten anbraten.

○ Karotten, Rotwein, 500 ml Wasser, Suppengrün, 1 Teelöffel grobes Salz und 2 Prisen gemahlenen Pfeffer hinzugeben.

○ 1 Stunde zugedeckt bei mittlerer Hitze schmoren lassen.

Karotten
500 g

Räucherspeck
50 g

Suppengrün
x 1

Rindfleisch zum Schmoren
500 g

Rotwein
500 ml

Zwiebel
x 1

Fleisch

Eintopf

✎ **In 10 Minuten vorbereitet**

🍲 **3 Stunden Kochzeit**

☺ **Für 4 Personen**

○ Die Karotten schälen und halbieren. Die Steckrüben schälen. Den Lauch schälen und vierteln.

○ Alle Zutaten in einen Schmortopf geben, 2 l Wasser, 1 Teelöffel grobes Salz und 4 Prisen gemahlenen Pfeffer hinzugeben.

○ 3 Stunden zugedeckt bei schwacher Hitze schmoren lassen.

Karotten
x 4

Lauch
x 2

Rinderbrühe
1 Würfel

Fleisch für Eintopf
1 kg gemischt

Steckrüben
x 4

Suppengrün
x 1

Fleisch

Chili con carne

 In 10 Minuten vorbereitet

 **20 Minuten Kochzeit**

 Für 4 Personen

○ Die Paprika halbieren, den Stiel und die Samen entfernen und in Streifen schneiden. Die Zwiebel in feine Scheiben schneiden.

○ Das Rinderhack, den Cayenne-Pfeffer, die Paprika und die Zwiebel in einen Topf geben. 5 Minuten bei starker Hitze anbraten.

○ Die Bohnen und die Tomaten, Salz und Pfeffer hinzufügen.

○ 20 Minuten zugedeckt bei mittlerer Hitze kochen lassen und regelmäßig umrühren.

Paprikas
x 2

Rinderhack
500 g

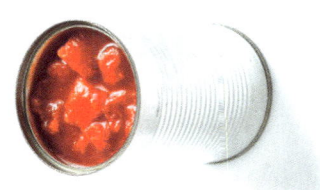

Tomatenpüree
400 g

rote Bohnen
400 g

Zwiebel
x 1

Cayenne-Pfeffer
1 Teelöffel

Fleisch

Kalbfleisch mit Oliven und Salzzitrone

✏️ **In 5 Minuten vorbereitet**

🍲 **1 Stunde 20 Minuten Kochzeit**

😊 **Für 4 Personen**

- ○ Die Salzzitronen in Achtel schneiden. Die Zwiebel in feine Scheiben schneiden. Die Kartoffeln schälen und in Stücke schneiden.
- ○ Das Olivenöl in einem Schmortopf erhitzen.
- ○ Das Fleisch und die Zwiebel hinzufügen. 5 Minuten anbraten lassen.
- ○ Die Oliven, die Salzzitrone und die Kartoffeln hinzugeben. Mit 750 ml Wasser aufgießen und pfeffern.
- ○ 1 Stunde zugedeckt bei geringer Hitze kochen lassen, dann öffnen und 15 Minuten bei mittlerer Hitze weiterkochen.

Salzzitronen
x 2

Zwiebel
x 1

Olivenöl
1 Esslöffel

Kalbfleisch für Frikassee
500 g

grüne Oliven ohne Kern
200 g

Kartoffeln
500 g

Fleisch

Curry-Hühnchen

Hühnerfilet
500 g

Zwiebel
x 1

Kokosmilch
400 ml

Karotten
400 g

Currypulver
2 Esslöffel

Kokosflocken
4 Esslöffel

 In 10 Minuten vorbereitet

 30 Minuten Kochzeit

Für 4 Personen

○ Das Hühnerfilet in Stücke schneiden. Die Zwiebel in feine Scheiben schneiden. Die Karotten in Scheiben schneiden.

○ Alle Zutaten in einen Topf geben, bis auf die Kokosflocken. 1 Teelöffel Salz, 2 Prisen gemahlenen Pfeffer und 100 ml Wasser hinzufügen.

○ Zugedeckt 30 Minuten kochen lassen.

○ Mit den Kokosraspeln servieren.

Fleisch

Gebratenes Rindfleisch mit Sesam

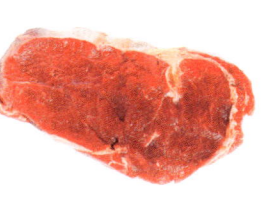

Rinderlende oder Entrecôte
200 g

große Zwiebel
x 1

Sojasauce
2 Esslöffel

Zuckererbsen
250 g

neutrales Öl
1 Esslöffel

gerösteter Sesam
1 Esslöffel

 In 5 Minuten vorbereitet

 10 Minuten Kochzeit

 Für 2 Personen

- Das Fleisch in dünne Streifen schneiden. Die Zwiebel in feine Scheiben schneiden. Das Öl in einer Pfanne erhitzen.
- Die Zwiebel und die Rindfleischstreifen hinzufügen. 1 Minute anbraten.
- Die Sojasauce und dann die Zuckerschoten und den Sesam hinzufügen.
- Unter Rühren 5 Minuten braten lassen.

39

Fleisch

Thai-Schweinefleisch

🔪 **In 5 Minuten vorbereitet**

🍲 **20 Minuten Kochzeit**

😊 **Für 4 Personen**

○ Das Thai-Basilikum mit einer Schere schneiden. Das Zitronengras hacken. Die Frühlingszwiebeln in feine Scheiben schneiden.

○ Das Öl in einem Schmortopf erhitzen. Das Schweinctlcisch, das Zitronengras, das Basilikum und die Zwiebeln hinzufügen. Unter Rühren 5 Minuten anbraten lassen.

○ Die pürierten Tomaten, 1 Teelöffel Salz und 2 Prisen gemahlenen Pfeffer hinzugeben.

○ 15 Minuten unter Umrühren bei mittlerer Hitze kochen lassen. Mit rohem Gemüse und Paprika servieren (nach Geschmack).

Schweinehack
500 g

Thai-Basilikum
1 Bund

Frühlingszwiebeln
x 2

neutrales Öl
2 Esslöffel

Zitronengras
1 Stange

Tomatenpüree
400 g

Fleisch

Kalbs-Curry

- In 10 Minuten vorbereitet
- 1 Stunde Kochzeit
- Für 4 Personen

○ Die Kartoffeln schälen und in Würfel schneiden. Die Zwiebel in feine Scheiben schneiden. Den Koriander mit einer Schere schneiden.

○ Einen Topf erhitzen und das Fleisch und die Zwiebeln hineingeben. Unter Rühren 3 Minuten anbraten lassen.

○ Die restlichen Zutaten hinzufügen, bis auf den Koriander. 800 ml Wasser, 1 Teelöffel Salz und 2 Prisen gemahlenen Pfeffer hinzugeben.

○ 1 Stunde zugedeckt kochen lassen.

○ Mit dem Koriander servieren.

Currypulver
2 Esslöffel

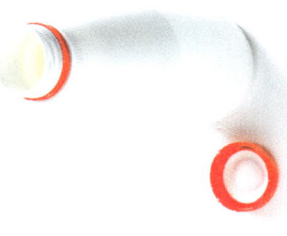

Kochsahne
200 ml

Koriander
1 kleiner Bund

Kalbfleisch für Frikassee
700 g

Kartoffeln
400 g

Zwiebel
x 1

Fleisch

Ente mit Süßkartoffeln

- In 5 Minuten vorbereitet
- 20 Minuten Kochzeit
- Für 4 Personen

○ Das Gemüse schälen. Die Süßkartoffel in Würfel schneiden, die Karotte in Scheiben, die Zwiebel in feine Scheiben schneiden und den Knoblauch hacken. Die Petersilie mit einer Schere schneiden.

○ Alle Zutaten in einen Topf geben (bis auf die Hälfte der Petersilie).

○ Mit 500 ml Wasser bedecken. 1 Teelöffel Salz und 2 Prisen gemahlenen Pfeffer hinzugeben.

○ 20 Minuten zugedeckt bei mittlerer Hitze kochen lassen.

○ Mit der restlichen Petersilie servieren.

Süßkartoffel
250 g

Zwiebel
x 1

Petersilie
1 kleiner Bund

Enten-Confit
x 2 Keulen

Karotte
x 1

Knoblauch
1 Zehe

Fleisch

Schweinefleisch mit Ananas

- In 10 Minuten vorbereitet
- 35 Minuten Kochzeit
- Für 4 Personen

○ Das Schweinefleisch in Streifen schneiden. Die Ananas in Würfel schneiden. Die Frühlingszwiebeln in feine Scheiben schneiden.

○ Das Öl in einem Schmortopf erhitzen, die Schweinefleischstreifen und die Hälfte der Zwiebeln hinzufügen. 5 Minuten anbraten.

○ Die Sojasauce, die Tomaten, die Ananas und 2 Prisen gemahlenen Pfeffer hinzufügen.

○ 30 Minuten zugedeckt bei mittlerer Hitze kochen lassen.

○ Mit den restlichen Zwiebeln servieren.

Ananas
250 g

Frühlingszwiebeln
x 2

neutrales Öl
2 Esslöffel

Schweinegeschnetzeltes
600 g

Tomatenpüree
250 g

Sojasauce
2 Esslöffel

Fleisch

Lammragout

   In 10 Minuten vorbereitet

1 Stunde Kochzeit

Für 4 Personen

○ Das Gemüse schälen. Die Karotten in Scheiben schneiden, die Rüben in Viertel und den Knoblauch in feine Scheiben schneiden.

○ Die Butter in einem Schmortopf erhitzen. Die Lammkarrees und den Knoblauch hinzufügen und 5 Minuten bei mittlerer Hitze anbraten. Dabei regelmäßig umrühren.

○ Die Karotten, die Steckrüben, das Suppengrün, 1 Teelöffel grobes Salz, 2 Prisen gemahlenen Pfeffer und 1 l Wasser hinzufügen.

○ Zugedeckt 1 Stunde bei mittlerer Hitze kochen lassen.

Karotten
400 g

Suppengrün
x 1

Knoblauch
2 Zehen

Lammkarrees
600 g

Steckrüben
400 g

Butter
1 nussgroßes Stück

Fleisch

Mangold mit Tomaten und Speck

- ✎ **In 5 Minuten vorbereitet**
- 🍲 **20 Minuten Kochzeit**
- ☺ **Für 4 Personen**

○ Den Mangold in Stücke von 4 cm schneiden. Den Knoblauch hacken.

○ Das Olivenöl in einem Schmortopf erhitzen.

○ Den Räucherspeck und den Knoblauch hinzufügen. Unter Rühren 1 Minute anbraten lassen und dann den Mangold, die Tomaten und den Lorbeer hinzufügen.

○ Zugedeckt 20 Minuten kochen lassen.

Mangold
1 Kopf (500 g)

Räucherspeck
300 g

Tomatenpüree
440 g

Olivenöl
2 Esslöffel

Knoblauch
1 Zehe

Lorbeer
4 Blätter

Fleisch

Blumenkohl mit Ziegenkäse und Schinken

✎ In 5 Minuten vorbereitet

🍲 15 Minuten Kochzeit

☺ Für 4 Personen

○ Den Schinken hacken. Die Zwiebel in feine Scheiben schneiden. Den Ziegenkäse in Scheiben schneiden (bis auf 50 g). Röschen vom Blumenkohl brechen.

○ Alle Zutaten in den Topf geben (bis auf 50 g Ziegenkäse).

○ Salzen und 15 Minuten zugedeckt kochen lassen.

○ Mit dem restlichen in kleine Stücke geschnittenen Ziegenkäse servieren.

Blumenkohl
500 g

Schinken
300 g

Kochsahne
200 ml

Ziegenkäse
250 g

Zwiebel
x 1

Fleisch

Rosenkohl mit Schinken

 **In 10 Minuten vorbereitet**

 20 Minuten Kochzeit

 Für 4 Personen

- Den Strunk der Rosenkohl-Röschen und die ersten Blätter entfernen. Die Röschen halbieren.
- Das Öl in einem Schmortopf erhitzen. Den Kohl und den Schinken hinzufügen. Unter Rühren 5 Minuten anbraten lassen.
- Die anderen Zutaten, 200 ml Wasser, 1 Teelöffel Salz und 2 Prisen gemahlenen Pfeffer hinzufügen.
- 20 Minuten zugedeckt bei mittlerer Hitze kochen lassen.

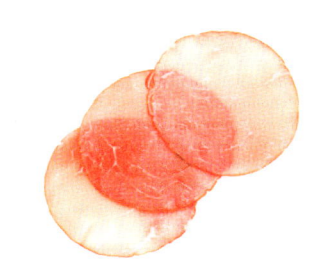

Schinkenscheiben
100 g

Rosenkohl
400 g

Senf
1 Esslöffel

Kochsahne
200 ml

Olivenöl
1 Esslöffel

Thymian
2 Zweige

Fleisch

Kartoffeln mit Artischocken und Speck

🔪 In 10 Minuten vorbereitet

🍲 30 Minuten Kochzeit

🙂 Für 4 Personen

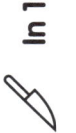

Kartoffeln
500 g

Artischocken
x 3

○ Die Kartoffeln schälen und in große Würfel schneiden. Die Artischocken halbieren. Die Zwiebel in feine Scheiben schneiden.

Speck
100 g

Zwiebel
x 1

○ Das Öl in einem Schmortopf erhitzen. Den Speck und die Zwiebeln hinzugeben und 5 Minuten unter regelmäßigem Umrühren schmoren lassen.

Gemüsebrühe
1 Würfel

Olivenöl
2 Esslöffel

○ Die Kartoffeln und die Artischocken, den Brühwürfel und 2 Prisen gemahlenen Pfeffer hinzufügen. Umrühren.

○ 500 ml Wasser hinzufügen und zugedeckt 25 Minuten bei mittlerer Hitze kochen lassen.

Fleisch

Kartoffeln mit Speck und Eiern

✏️ **In 10 Minuten vorbereitet**

🍲 **35 Minuten Kochzeit**

😊 **Für 4 Personen**

○ Die Zwiebel in feine Scheiben schneiden. Alle Zutaten (bis auf die Eier) in einen Topf geben.

○ 300 ml Wasser, 1 Teelöffel Salz und 2 Prisen gemahlenen Pfeffer hinzugeben.

○ 30 Minuten zugedeckt bei mittlerer Hitze kochen lassen. Vermischen. Die Flüssigkeit muss sehr cremig sein.

○ Die Eier in den Topf schlagen, zudecken und weitere 5 Minuten kochen lassen.

Räucherspeck
100 g

Zwiebel
x 1

Eier
x 4

Kartoffeln (Sorte „La Ratte")
500 g

Crème fraîche
200 ml

Thymian
2 Zweige

Gemüse

Zucchini mit Kichererbsen

 In 5 Minuten vorbereitet

 30 Minuten Kochzeit

 Für 4 Personen

○ Das Gemüse waschen. Die Zucchini in Würfel schneiden, die Tomaten vierteln und die Kartoffeln in Würfel schneiden. Den Koriander mit einer Schere schneiden.

○ Alle Zutaten in einen Topf geben. Die Hälfte des Korianders zurückbehalten. 500 ml Wasser, 1 Teelöffel Salz und 2 Prisen gemahlenen Pfeffer hinzugeben.

○ 30 Minuten zugedeckt bei mittlerer Hitze kochen lassen.

○ Mit dem restlichen Koriander servieren.

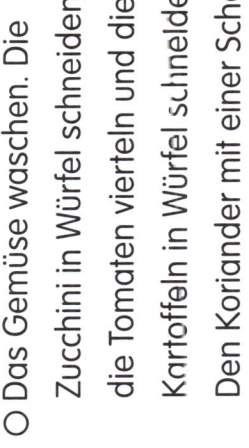

Zucchini
x 2

Kichererbsen
400 g

Tomaten
250 g

Kartoffeln
x 2

Koriander
1 kleiner Bund

Couscous-Gewürz
1 Esslöffel

Gemüse

Pastinaken mit Sellerie und Zitrone

✎ **In 10 Minuten vorbereitet**

🍲 **20 Minuten Kochzeit**

☺ **Für 4 Personen**

○ Das Gemüse schälen. Die Pastinaken der Länge nach in Achtel schneiden und die Sellerieknolle in Streifen. Die Salzzitronen vierteln. Den Ingwer schälen und reiben.

○ Die Butter in einem Schmortopf erhitzen.

○ Die anderen Zutaten, 1 Teelöffel Salz und 2 Prisen gemahlenen Pfeffer hinzugeben.

○ Zugedeckt 20 Minuten kochen lassen und regelmäßig umrühren.

Knollensellerie
500 g

Ingwer
10 g

Butter
1 nussgroßes Stück

Pastinaken
400 g

Salzzitronen
x 2

Honig
2 Esslöffel

Gemüse

Quinoa mit Linsen und Spinat

🔪 **In 5 Minuten vorbereitet**

🍲 **30 Minuten Kochzeit**

☺ **Für 4 Personen**

○ Den Spinat waschen und hacken. Die Zwiebel in feine Scheiben schneiden. Alle Zutaten in einen Topf geben.

○ 700 ml Wasser, 1 Teelöffel Salz und 2 Prisen gemahlenen Pfeffer hinzugeben.

○ 30 Minuten zugedeckt bei mittlerer Hitze kochen lassen und regelmäßig umrühren.

grüne Linsen
125 g

Quinoa
125 g

Zwiebel
x 1

Spinat
400 g

Olivenöl
2 Esslöffel

Gemüsebrühe
1 Würfel

Gemüse

Auberginen-Caponata

- In 10 Minuten vorbereitet
- 40 Minuten Kochzeit
- Für 4 Personen

○ Die Auberginen in Würfel schneiden. Den Knoblauch in feine Scheiben schneiden. Alle Zutaten in einen Topf geben. 2 Prisen gemahlenen Pfeffer hinzugeben.

○ 40 Minuten zugedeckt bei mittlerer Hitze kochen lassen und regelmäßig umrühren.

Auberginen
500 g

ganze Tomaten
400 g

Knoblauch
2 Zehen

Kapern
100 g

Zucker
1 Esslöffel

Olivenöl
2 Esslöffel

Gemüse

Gemüse-Curry

 In 10 Minuten vorbereitet

 30 Minuten Kochzeit

 Für 4 Personen

○ Das Gemüse waschen. Die Zucchini in Würfel und die Paprika in Streifen schneiden. Die Süßkartoffel schälen und in Würfel schneiden. Die Frühlingszwiebeln in feine Scheiben schneiden.

○ Alle Zutaten in einen Topf geben. Die Hälfte der Frühlingszwiebeln zurückbehalten. 200 ml Wasser, 1 Teelöffel Salz und 2 Prisen gemahlenen Pfeffer hinzugeben.

○ 30 Minuten zugedeckt bei mittlerer Hitze kochen lassen.

○ Mit den restlichen Frühlingszwiebeln servieren.

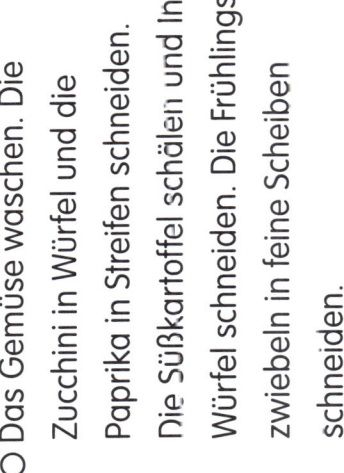

Süßkartoffel
400 g

Frühlingszwiebeln
x 2

Currypulver
2 Esslöffel

Zucchini
x 1

grüne Paprika
x 1

Kokosmilch
400 ml

Gemüse

Erbsen mit Minze

 **In 5 Minuten vorbereitet**

 **15 Minuten Kochzeit**

 Für 4 Personen

○ Die Kichererbsen abtropfen lassen und spülen. Die Minze und den Estragon mit einer Schere schneiden.

○ Alle Zutaten in einen Topf geben, 1 Teelöffel grobes Salz, 2 Prisen gemahlenen Pfeffer und 1 l Wasser hinzufügen.

○ Zum Kochen bringen und 10 Minuten bei mittlerer Hitze kochen lassen.

gekochte Kichererbsen
1 Dose (400 g)

Erbsen
250 g

Olivenöl
2 Esslöffel

Minze
6 Zweige

Estragon
1 kleiner Bund

Risetti-Nudeln
100 g

Gemüse

Brokkoli mit Spinat und Cashew-Nüssen

- In 5 Minuten vorbereitet
- 10 Minuten Kochzeit
- Für 4 Personen

○ Den Spinat waschen und hacken. Das Olivenöl in einem Schmortopf erhitzen. Die Cashew-Nüsse und die Brokkoli-Röschen hinzugeben. 5 Minuten kochen lassen und regelmäßig umrühren.

○ Den Spinat und den Balsamico-Essig hinzufügen.

○ 6 Minuten kochen lassen.

○ Mit geriebenem Parmesan servieren.

Brokkoli-Röschen
350 g

Spinat
250 g

Cashew-Nüsse
75 g

Balsamico-Essig
2 Esslöffel

Olivenöl
3 Esslöffel

Parmesan
1 Stück

Gemüse

Würziger Blumenkohl

- In 5 Minuten vorbereitet
- 30 Minuten Kochzeit
- Für 4 Personen

○ Die Zwiebel in feine Scheiben schneiden. Den Dill mit einer Schere schneiden. Die Blätter vom Blumenkohl entfernen. Den Strunk des Blumenkohls mit einem Messer kreuzförmig einschneiden.

○ Die Milch mit den Gewürzen mischen. Die Hälfte des Dills und 500 ml Wasser in einen Topf geben und dann den ganzen Blumenkohl hineingeben, sodass er bedeckt ist.

○ 30 Minuten zugedeckt bei mittlerer Hitze kochen lassen.

○ Mit dem restlichen gezupften Dill servieren.

Blumenkohl
1 Stück (1 kg)

Garam Masala
1 Esslöffel

Zwiebel
x 1

Milch
500 ml

Paprikapulver
1 Teelöffel

Dill
1 kleiner Bund

Gemüse

Weiße Bohnen und Karotten mit Kümmel

- In 5 Minuten vorbereitet
- 30 Minuten Kochzeit
- Für 4 Personen

○ Die weißen Bohnen abtropfen lassen. Die Karotten schälen und in Scheiben schneiden. Alle Zutaten in einen Topf geben.

○ 500 ml Wasser, 1 Teelöffel Salz und 2 Prisen gemahlenen Pfeffer hinzugeben.

○ 30 Minuten zugedeckt bei mittlerer Hitze kochen lassen.

gekochte weiße Bohnen
400 g

Tomatenmark
70 g

Karotten
400 g

Kreuzkümmelsamen
1 Esslöffel

Harissa
1 Esslöffel

Gemüse

Topinambur mit Champignons

🔪 **In 5 Minuten vorbereitet**

🍲 **30 Minuten Kochzeit**

😊 **Für 4 Personen**

○ Die Topinambur-Knollen schälen und in große Stücke schneiden. Die Champignons putzen. Die Schalotte in feine Scheiben schneiden. Die Petersilie mit einer Schere schneiden.

○ Alle Zutaten in einen Topf geben. Die Hälfte der Petersilie zurückbehalten. 500 ml Wasser, 1 Teelöffel Salz und 2 Prisen gemahlenen Pfeffer hinzugeben.

○ 30 Minuten zugedeckt bei mittlerer Hitze kochen lassen.

○ Mit der restlichen Petersilie servieren.

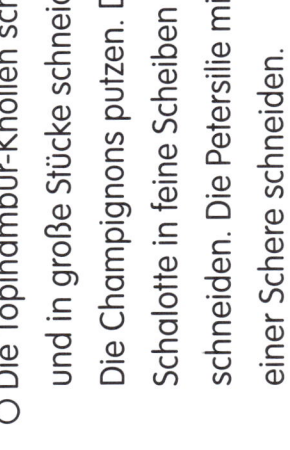

Topinambur
500 g

Champignons
350 g

Schalotte
x 1

Sahne
200 ml

Lorbeer
1 Blatt

Petersilie
1 kleiner Bund

Suppen

Lachs-Bouillon mit Tofu

🔪 **In 10 Minuten vorbereitet**

🍲 **5 Minuten Kochzeit**

😊 **Für 4 Personen**

○ Den Lachs und den Tofu in Würfel schneiden. Die Frühlingszwiebeln in feine Scheiben schneiden, die Blätter des Korianders mit einer Schere schneiden. Zesten von der Zitrone schaben, dann die Zitrone auspressen.

○ 1 l Wasser in einen Topf geben. Den Tofu, die Sojasauce, den Saft der grünen Zitrone und die Hälfte der Zesten hinzufügen. Zum Kochen bringen.

○ Die Lachswürfel auf Teller geben. Die Brühe darübergießen.

○ Mit den restlichen Zesten und den Korianderblättern servieren.

Tofu
125 g

Frühlingszwiebel
x 1

Koriander
8 Zweige

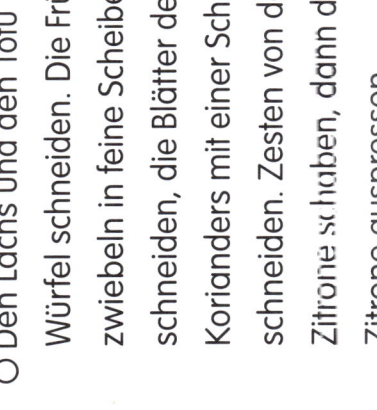

frischer Lachs
150 g

Sojasauce
4 Esslöffel

grüne Zitrone
x 1

Suppen

Großmutters Suppe

- In 5 Minuten vorbereitet
- 30 Minuten Kochzeit
- Für 4 Personen

○ Das Gemüse waschen und schälen. Den Lauch und die Zwiebel in feine Scheiben schneiden, die Karotten und die Kartoffeln in Würfel schneiden. Alle Zutaten in einen Topf geben.

○ 1,2 l Wasser und 2 Prisen gemahlenen Pfeffer hinzugeben.

○ 30 Minuten zugedeckt bei mittlerer Hitze kochen lassen. Mixen.

Lauch x2

Kartoffeln x2

Zwiebel x1

Karotten x2

Geflügelbrühe 1 Würfel

Suppen

Tomatensuppe

 In 10 Minuten vorbereitet

 25 Minuten Kochzeit

 Für 4 Personen

○ Die Tomaten und die Zwiebel hacken. Das Basilikum mit einer Schere schneiden. Öl in einem Topf erhitzen und für 5 Minuten die Zwiebel hinzugeben.

○ Die restlichen Zutaten hinzugeben, 1 Teelöffel Salz und 2 Prisen gemahlenen Pfeffer hinzufügen und mit 1 l Wasser aufgießen.

○ 20 Minuten kochen lassen, die Suppennudeln hinzugeben und noch 3 Minuten kochen lassen.

Tomaten
500 g

Zwiebel
x 1

Olivenöl
2 Esslöffel

Basilikum
1 kleiner Bund

Geflügelbrühe
1 Würfel

Suppennudeln
50 g

Suppen

Erbsensuppe

- In 5 Minuten vorbereitet
- 20 Minuten Kochzeit
- Für 4 Personen

○ Die Zwiebel in feine Scheiben schneiden. Die Zucchini in Würfel schneiden. Alle Zutaten in einen Topf geben.

○ 1 l Wasser, 1 Teelöffel Salz und 2 Prisen gemahlenen Pfeffer hinzugeben.

○ 20 Minuten zugedeckt bei mittlerer Hitze kochen lassen. Mixen.

Erbsen
300 g

Räucherspeck
50 g

Zwiebel
x 1

Zucchini
x 1

Kochsahne
100 ml

Suppen

Nudelsuppe mit Zucchini

 In 5 Minuten vorbereitet

 10 Minuten Kochzeit

 Für 4 Personen

○ Die Zucchini in kleine Würfel schneiden. Die Zwiebel in feine Scheiben schneiden. Alle Zutaten in einen Topf geben.

○ 1 Teelöffel Salz und 750 ml Wasser hinzufügen.

○ Zum Kochen bringen und dann ca. 5 Minuten kochen lassen.

Zucchini
x 2

Zwiebel
x 1

Buchstabennudeln
100 g

Schmelzkäse
„Vache qui rit®"
4 Portionen

Gemüsebrühe
1 Würfel

Süßspeisen
Milchreis

 In 2 Minuten vorbereitet

 45 Minuten Kochzeit

 2 Stunden im Kühlschrank

 Für 6 Personen

- Zesten von einer halben Zitrone schaben.
- Alle Zutaten (bis auf den Zimt) in einen Topf geben. Bei starker Hitze aufkochen und dann verrühren. Bei schwacher Hitze zugedeckt (mit einem Kochlöffel zwischen Deckel und Topf, damit der Reis nicht überkocht) 40 Minuten ohne Umrühren kochen lassen.
- Vom Ofen nehmen und den Topf gut verschließen. Bei Zimmertemperatur abkühlen lassen, dann mindestens 2 Stunden in den Kühlschrank stellen.
- Mit Zimt bestreuen und servieren.

Zucker
100 g

Vollmilch
1 l

Rundkornreis
150 g

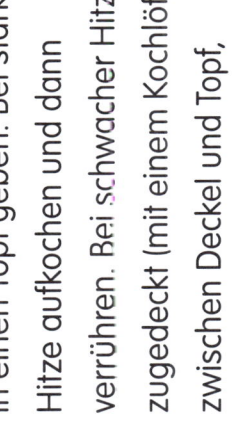

Orange
x 1 halbe

Zimt
1 Stange

Süßspeisen

Milchreis mit Kokos

✏️ **In 5 Minuten vorbereitet**

🍲 **40 Minuten Kochzeit**

🧊 **2 Stunden im Kühlschrank**

🙂 **Für 4 Personen**

○ Alle Zutaten bis auf die Mango in einen Topf geben und 800 ml Wasser hinzufügen. Bei starker Hitze erhitzen.

○ Nach dem Aufkochen verrühren, bei schwacher Hitze zugedeckt (mit einem Kochlöffel zwischen Deckel und Topf, damit der Reis nicht überkocht) 40 Minuten ohne Umrühren kochen lassen.

○ Den Topf gut verschließen und bei Zimmertemperatur abkühlen lassen, dann mindestens 2 Stunden kaltstellen.

○ Mit Mangostücken servieren.

Kokosmilch
400 ml

Zucker
80 g

Dessert-Reis
150 g

geröster Sesam
40 g

Mango
x 1

Süßspeisen

Kandierte Äpfel

 In 10 Minuten vorbereitet

 30 Minuten Kochzeit

 Für 4 Personen

○ Die Äpfel schälen. Die Butter in kleine Stücke schneiden. Die Vanillestange spalten und das Mark herauskratzen.

○ Alle Zutaten in einen Topf geben und 50 ml Wasser hinzufügen.

○ 30 Minuten zugedeckt bei mittlerer Hitze kochen lassen. Warm oder kalt servieren.

kleine Äpfel
× 8

gesalzene Butter
100 g

Vanillestange
× 1

Zucker
100 g

Süßspeisen

Pochierte Birnen mit Wein

- In 5 Minuten vorbereitet
- 45 Minuten Kochzeit
- Für 4 Personen

○ Die Birnen schälen und das Kernhaus entfernen. Alle Zutaten in einen Topf geben und 250 ml Wasser hinzufügen.

○ 45 Minuten zugedeckt bei schwacher Hitze kochen lassen. Die Birnen regelmäßig umdrehen.

○ Bei Zimmertemperatur abkühlen lassen, dann in den Kühlschrank stellen.

Birnen
x 4

Rotwein
500 ml

Zucker
2 Esslöffel

Zimt
1 Stange

Sternanis
1 Stern

Nelken
x 2

Was macht man womit?

ANANAS
Schweinefleisch mit Ananas ... 44

APFEL
Kandierte Äpfel ... 68
Quinoa mit Würstchen und Äpfeln ... 34

ARTISCHOCKEN
Kartoffeln mit Artischocken und Speck ... 49
Linguine mit Thunfisch und Artischocken ... 12

AUBERGINE
Auberginen-Caponata ... 54

BASILIKUM
Fusilli mit Tomatenpesto ... 5
Linguine mit Thunfisch und Artischocken ... 12
Linguine mit Tomaten und Basilikum ... 8
Nudeln mit Thunfisch und Tomaten ... 17
Nudeln mit Tomaten und Schinken ... 11
Spaghetti mit Mini-Frikadellen ... 1
Tomatensuppe ... 63

BIRNE
Pochierte Birnen mit Wein ... 69

BLATTSPINAT
Lachs-Farfalle mit Spinat ... 2

BLAUSCHIMMELKÄSE
Bulgur mit Kürbis und Blauschimmelkäse ... 26
Farfalle mit Champignons und Blauschimmelkäse ... 13

BLUMENKOHL
Blumenkohl mit Ziegenkäse und Schinken ... 47
Würziger Blumenkohl ... 58

BROKKOLI
Brokkoli mit Spinat und Cashew-Nüssen ... 57

BULGUR
Bulgur mit Kürbis und Blauschimmelkäse ... 26

CASHEW-NÜSSE
Brokkoli mit Spinat und Cashew-Nüssen ... 57

CHAMPIGNONS
Farfalle mit Champignons und Blauschimmelkäse ... 13
Fusilli mit Champignons und Nüssen ... 6
Risotto mit Champignons ... 23
Topinambur mit Champignons ... 60

COMTÉ-KÄSE
Nudeln mit Schinken und Käse ... 9

CURRY
Curry-Hühnchen ... 40
Gemüse-Curry ... 55
Kalbs-Curry ... 42
Lachs-Penne mit Kokos ... 4

DILL
Nudeln mit Shrimps und Zitrone ... 3
Würziger Blumenkohl ... 58

DORSCH
Dorsch mit Tomaten ... 30

EI
Kartoffeln mit Speck und Eiern ... 50

ENTE
Ente mit Süßkartoffeln ... 43

ERBSEN
Erbsen mit Minze ... 56
Erbsensuppe ... 64

ERDNUSSBUTTER
Reis mit Hühnchen und Erdnüssen ... 19

FETA-KÄSE
Linguine mit Sardinen und Feta-Käse ... 32

FRÜHLINGSZWIEBEL
Gemüse-Curry ... 55
Quinoa mit Tomaten und Bohnen ... 25
Schweinefleisch mit Ananas ... 44
Thai-Schweinefleisch ... 41

GARAM MASALA
Würziger Blumenkohl ... 58

GEKOCHTER SCHINKEN
Nudeln mit Schinken und Käse ... 9

GELBE ZITRONE
Nudeln mit Shrimps und Zitrone ... 3
Pasta mit Thunfisch, Kapern und Zitrone ... 14

GORGONZOLA
Fusilli mit Champignons und Nüssen ... 6

GRÜNE LINSEN
Linsen mit Würstchen ... 18
Quinoa mit Linsen und Spinat ... 53

GRÜNE ZITRONE
Lachs-Bouillon mit Tofu ... 61
Thai-Lachs ... 33

GRÜNER SPARGEL
Risotto mit Shrimps ... 24

HONIG
Pastinaken mit Sellerie und Zitrone ... 52

HÜHNCHEN
Curry-Hühnchen ... 40
Reis mit Hühnchen und Erdnüssen ... 19

Reis mit Hühnchen und Senf ... 21

INGWER
Lachs-Penne mit Kokos ... 4
Pastinaken mit Sellerie und Zitrone ... 52
Thai-Lachs ... 33

KAPERN
Auberginen-Caponata ... 54
Pasta mit Thunfisch, Kapern und Zitrone ... 14

KAROTTEN
Bohnen und Karotten mit Kümmel ... 59
Curry-Hühnchen ... 40
Eintopf ... 36
Ente mit Süßkartoffeln ... 43
Großmutters Suppe ... 62
Lammragout ... 45
Rindfleisch mit Karotten ... 35

KARTOFFELN
Großmutters Suppe ... 62
Kalbs-Curry ... 42
Kartoffeln mit Artischocken und Speck ... 49
Korallenlinsen mit Kokos und Salzzitrone ... 28
Schweinefleisch mit Oliven und Süßkartoffeln ... 38
Süßkartoffeln mit Speck und Eiern ... 49
Zucchini mit Kichererbsen ... 51

KICHERERBSEN
Erbsen mit Minze ... 56
Zucchini mit Kichererbsen ... 51

KIRSCHTOMATEN
Fusilli mit Tomatenpesto ... 5
Linguine mit Tomaten und Basilikum ... 8
Nudeln mit Tomaten und Schinken ... 11

KNOBLAUCH
Auberginen-Caponata ... 54
Pasta mit Thunfisch, Kapern und Zitrone ... 14

KNOLLENSELLERIE
Pastinaken mit Sellerie und Zitrone ... 52

KOKOSMILCH
Curry-Hühnchen ... 40
Gemüse-Curry ... 55
Korallenlinsen mit Kokos ... 28
Lachs-Penne mit Kokos ... 4
Milchreis mit Kokos ... 67

KORALLENLINSEN
Korallenlinsen mit Kokos ... 28

KORIANDER
Kalbs-Curry ... 42
Lachs-Bouillon mit Tofu ... 61

Quinoa mit Tomaten und Bohnen ... 25
Reis mit Hühnchen und Erdnüssen ... 19
Thai-Lachs ... 33

KÜMMEL
Bohnen und Karotten mit Kümmel ... 59

KÜRBIS
Bulgur mit Kürbis und Blauschimmelkäse ... 26

LACHS
Lachs-Bouillon mit Tofu ... 61
Lachs-Farfalle mit Spinat ... 2
Lachs-Penne mit Kokos ... 4
Thai-Lachs ... 33

LAMM
Lammragout ... 45

LAUCH
Eintopf ... 36
Großmutters Suppe ... 62
Weizen mit Speck und Lauch ... 27

MAKRELEN
Makrele mit Thymian ... 31

MANGO
Milchreis mit Kokos ... 67

MANGOLD
Mangold mit Tomaten und Speck ... 46

MASCARPONE
Fusilli mit Roquefort-Käse ... 16
Nudeln mit Schinken und Käse ... 9

MEERESFRÜCHTE
Gambas mit Tomaten ... 29
Reis mit Miesmuscheln ... 20
Risotto mit Jakobsmuscheln ... 22

MINZE
Erbsen mit Minze ... 56
Nudeln mit Zucchini und Minze ... 15

MOZZARELLA
Nudeln mit Tomaten und Schinken ... 11

MUSKAT
Nudeln mit Schinken und Käse ... 9

NUDELN
Erbsen mit Minze ... 56
Farfalle mit Champignons und Blauschimmelkäse ... 13
Fusilli mit Champignons und Nüssen ... 6
Fusilli mit Roquefort-Käse ... 16
Lachs-Farfalle mit Tomatenpesto ... 5
Lachs-Farfalle mit Spinat ... 2
Lachs-Penne mit Kokos ... 4
Linguine mit Sardinen und Feta-Käse ... 32
Linguine mit Thunfisch und Artischocken ... 12
Linguine mit Tomaten und Basilikum ... 8
Nudeln mit Schinken und Käse ... 9
Nudeln mit Shrimps und Zitrone ... 3
Nudeln mit Thunfisch und Tomaten ... 17
Nudeln mit Tomaten und Schinken ... 11
Nudeln mit Ziegenkäse und Olivenpaste ... 7
Nudeln mit Zucchini und Minze ... 15
Nudelsuppe mit Zucchini ... 65
Pasta mit Thunfisch, Kapern und Zitrone ... 14
Penne mit Speck und Zwiebeln ... 10
Tomatensuppe ... 63

NÜSSE
Fusilli mit Champignons und Nüssen ... 6

OLIVEN
Nudeln mit Ziegenkäse und Olivenpaste ... 7
Schweinefleisch mit Oliven und Salzzitrone ... 38

PAPRIKA
Chili con carne ... 37
Gemüse-Curry ... 55
Lachs-Penne mit Kokos ... 4
Reis mit Hühnchen und Erdnüssen ... 19

PARMESAN
Brokkoli mit Spinat und Cashew-Nüssen ... 57

PASTINAKE
Pastinaken mit Sellerie und Zitrone ... 52

PEPERONI
Chili con carne ... 37

PETERSILIE
Ente mit Süßkartoffeln ... 43
Fusilli mit Roquefort-Käse ... 16
Reis mit Miesmuscheln ... 20
Topinambur mit Champignons ... 60

QUINOA
Quinoa mit Linsen und Spinat ... 53
Quinoa mit Tomaten und Bohnen ... 25
Quinoa mit Würstchen und Äpfeln ... 34

RÄUCHERSPECK
Erbsensuppe ... 64
Mangold mit Tomaten und Speck ... 46

REIS
Reis mit Hühnchen und Erdnüssen ... 19
Reis mit Hühnchen und Senf ... 25
Reis mit Miesmuscheln ... 20

REISNUDELN
Thai-Lachs ... 33

RINDFLEISCH
Rindfleisch mit Karotten ... 35
Gebratenes Rindfleisch mit Sesam ... 39
Chili con carne ... 37
Eintopf ... 36
Spaghetti mit Mini-Frikadellen ... 1

ROHER SCHINKEN
Nudeln mit Tomaten und Schinken ... 11

ROQUEFORT-KÄSE
Fusilli mit Roquefort-Käse ... 16

ROSENKOHL
Rosenkohl mit Schinken ... 48

ROSMARIN
Farfalle mit Champignons und Blauschimmelkäse ... 13

ROTE BOHNEN
Chili con carne ... 37
Quinoa mit Tomaten und Bohnen ... 25

ROTWEIN
Rindfleisch mit Karotten ... 35
Pochierte Birnen mit Wein ... 69

RUNDKORNREIS
Risotto mit Champignons ... 23
Risotto mit Shrimps ... 24
Risotto mit Jakobsmuscheln ... 22
Milchreis ... 66
Milchreis mit Kokos ... 67

SAFRAN
Dorsch mit Tomaten ... 30

SALBEI
Quinoa mit Würstchen und Äpfeln ... 34

SALZZITRONEN
Pastinaken mit Sellerie und Zitrone ... 52
Schweinefleisch mit Oliven und Salzzitrone ... 38

SARDINEN
Linguine mit Sardinen und Feta-Käse ... 32

SCHINKEN
Blumenkohl mit Ziegenkäse und Schinken ... 47
Rosenkohl mit Schinken ... 48

SCHMELZKÄSE
Nudelsuppe mit Zucchini ... 65

SCHNITTLAUCH
Penne mit Speck und Zwiebeln ... 10

SCHWEINEFLEISCH
Blumenkohl mit Ziegenkäse und Schinken ... 47
Erbsensuppe ... 64

Farfalle mit Champignons und Blauschimmelkäse ... 13
Kartoffeln mit Artischocken und Speck ... 49
Linsen mit Würstchen ... 18
Mangold mit Tomaten und Speck ... 46
Nudeln mit Schinken und Käse ... 9
Nudeln mit Tomaten und Schinken ... 11
Penne mit Speck und Zwiebeln ... 10
Quinoa mit Würstchen und Äpfeln ... 34
Schweinefleisch mit Ananas ... 44
Süßkartoffeln mit Speck und Eiern ... 9
Thai-Schweinefleisch ... 41
Weizen mit Speck und Lauch ... 27

STECKRÜBEN
Eintopf ... 36
Lammragout ... 45

SÜSSKARTOFFEL
Ente mit Süßkartoffeln ... 43
Gemüse-Curry ... 55

THAI-BASILIKUM
Thai-Schweinefleisch ... 41

THUNFISCH
Linguine mit Thunfisch und Artischocken ... 12
Nudeln mit Thunfisch und Tomaten ... 17
Pasta mit Thunfisch, Kapern und Zitrone ... 14

THYMIAN
Makrelen mit Thymian ... 31
Nudeln mit Ziegenkäse und Olivenpaste ... 7
Rosenkohl mit Schinken ... 48

TOFU
Lachs-Bouillon mit Tofu ... 61

TOMATEN
Auberginen-Caponata ... 54
Chili con carne ... 37
Dorsch mit Tomaten ... 30
Gambas mit Tomaten ... 29
Mangold mit Tomaten und Speck ... 46
Nudeln mit Thunfisch und Tomaten ... 17
Quinoa mit Tomaten und Bohnen ... 25
Schweinefleisch mit Ananas ... 44
Spaghetti mit Mini-Frikadellen ... 1
Thai-Schweinefleisch ... 41
Tomatensuppe ... 63
Zucchini mit Kichererbsen ... 51

TOPINAMBUR
Topinambur mit Champignons ... 60

VANILLE
Kandierte Äpfel ... 68

WEISSE BOHNEN
Bohnen und Karotten mit Kümmel ... 59

WEIZEN (VORGEKOCHT)
Weizen mit Speck und Lauch ... 27

WÜRSTCHEN
Linsen mit Würstchen ... 18
Quinoa mit Würstchen und Äpfeln ... 34

ZIEGENKÄSE
Blumenkohl mit Ziegenkäse und Schinken ... 47
Nudeln mit Ziegenkäse und Olivenpaste ... 7

ZIMT
Milchreis ... 66
Pochierte Birnen mit Wein ... 69

ZITRONENGRAS
Thai-Schweinefleisch ... 41

ZUCCHINI
Erbsensuppe ... 64
Fusilli mit Tomatenpesto ... 5
Gemüse-Curry ... 55
Nudeln mit Zucchini und Minze ... 15
Nudelsuppe mit Zucchini ... 65
Zucchini mit Kichererbsen ... 51

ZUCKERERBSEN
Gebratenes Rindfleisch mit Sesam ... 39

ZWIEBEL
Penne mit Speck und Zwiebeln ... 10

SENF
Reis mit Hühnchen und Senf ... 21
Rosenkohl mit Schinken ... 48

SESAM
Gebratenes Rindfleisch mit Sesam ... 39

SHRIMPS
Nudeln mit Shrimps und Zitrone ... 3
Risotto mit Shrimps ... 24

SPECK
Farfalle mit Champignons und Blauschimmelkäse ... 13
Kartoffeln mit Artischocken und Speck ... 49
Kartoffeln mit Speck und Eiern ... 50
Penne mit Speck und Zwiebeln ... 10
Rindfleisch mit Karotten ... 35
Weizen mit Speck und Lauch ... 27

SPINAT
Brokkoli mit Spinat und Cashew-Nüssen ... 57
Quinoa mit Linsen und Spinat ... 53

Die Originalausgabe erschien 2017 unter dem Titel:
Un Plat Super Facile

© 2017 Librero IBP (für die deutschsprachige Ausgabe)
Postbus 72, 5330 AB Kerkdriel, Niederlande

© Hachette Livre (Marabout), 2017

Produktion der deutschsprachigen Ausgabe:
Tanja Timmerman vertaling & redactie
Übersetzung: Judith Muhr
Satz: Elixyz Desk Top Publishing

Printed in Slovenia

ISBN: 978-90-8998-830-0

Alle Rechte vorbehalten. Kein Teil des Werkes darf in irgendeiner Form (durch Fotografie, Mikrofilm oder ein anderes Verfahren) ohne schriftliche Genehmigung des Verlages reproduziert oder unter Verwendung elektronischer Systeme verarbeitet, vervielfältigt oder verbreitet werden.

Bei der Zusammenstellung der Texte und Abbildungen wurde mit größter Sorgfalt vorgegangen. Trotzdem können Fehler nicht vollständig ausgeschlossen werden. Verlag und Autor können für fehlerhafte Angaben und deren Folgen weder juristische noch irgendeine Haftung übernehmen. Für Verbesserungsvorschläge und Hinweise auf Fehler sind Verlag und Autor dankbar.